博悟之旅

亲子研学中的传统文化

博晤明辨

史家教育集团　编著

天津出版传媒集团

新蕾出版社

图书在版编目 (CIP) 数据

博晤明辨 / 史家教育集团编著 . -- 天津：新蕾出版社, 2020.1
（博悟之旅·亲子研学中的传统文化）
ISBN 978-7-5307-6929-4

Ⅰ.①博… Ⅱ.①史… Ⅲ.①博物馆学—儿童读物 Ⅳ.① G260-49

中国版本图书馆 CIP 数据核字 (2019) 第 228908 号

书　　名：	博悟之旅·亲子研学中的传统文化　博晤明辨
	BOWU ZHI LÜ　QINZI YANXUE ZHONG DE CHUANTONG WENHUA
	BOWU MINGBIAN
出版发行：	天津出版传媒集团
	新蕾出版社
	http://www.newbuds.com.cn
地　　址：	天津市和平区西康路 35 号（300051）
出 版 人：	马玉秀
电　　话：	总编办 (022)23332422
	发行部 (022)23332676　23332677
传　　真：	(022)23332422
经　　销：	全国新华书店
印　　刷：	北京盛通印刷股份有限公司
开　　本：	787mm×1092mm　1/16
字　　数：	65 千字
印　　张：	6.5
版　　次：	2020 年 1 月第 1 版　2020 年 1 月第 1 次印刷
定　　价：	42.00 元

著作权所有，请勿擅用本书制作各类出版物，违者必究。
如发现印、装质量问题，影响阅读，请与本社发行部联系调换。
地址：天津市和平区西康路 35 号
电话：(022)23332677　邮编：300051

主编

王 欢 洪 伟

副主编

李 娟　郭志滨　金少良

本册主编

金少良

编委

郭 鸿　姜 婷　马富贵　丁雁玲　宋浩志
戈海宁　韩巧玲　陈 燕　范汝梅　南春山
金 强　吴 玥

课程设计

郭志滨　李　娟　金少良

课程顾问

贾美华　黄　琛　刘　慧

家长顾问

韩淑萍　赵轶君　蒋笑囡

本册编写人员（按姓氏笔画排序）

马克姗　王　红　王　静　孔继英　田春丽
李　静　吴丽梅　张　伟　张　怡　张均帅
赵　苹　赵　晶　徐丹丹　高江丽　郭志滨
崔　敏

序

"培养什么人、怎样培养人、为谁培养人",对于这一教育根本问题的思考与回答是教育工作者做好立德树人工作的基础。近年来,史家教育集团秉承"无边界"教育理念,拓宽了教育场所、创新了课程模式,从中华优秀传统文化中汲取营养,进行了一系列中华优秀传统文化与博物馆教育课程的研发。这些研发充分发挥博物馆的社会教育功能,让孩子们能够在博物馆研学中遵循"物—晤—悟"的研究路径,从而收获无限的成长可能。

"物"是博物馆学习的逻辑起点。本丛书突破了"教科书是学生的全部世界"的认识局限,带领学生走进全国各地的博物馆,漫步于彩陶、甲骨、吉金、玉器、彩瓷、壁画、石刻、木作、书画、百戏等各种类型的文物之中。好奇是智慧的开端。在以文物资源为依托的研学活动中,文物的陈列成了孩子们"好奇心的陈列柜",整个世界都成为学生成长的教科书。

"晤"是博物馆学习的中心环节。"晤"是相遇与对话。学习不仅是发生在学生个人头脑中的个体活动，也发生在学生与周围世界的多重互动与对话之中。本丛书定位于亲子共同研学，让家长朋友可以重拾童心，带着孩子一起徜徉在文物中间，去追问斑驳的壁画记录了怎样的动人故事，去追寻甲骨背后伟大的古人智慧，去追忆传世的彩陶所记载的漫长而坎坷的人类历史……

"悟"是博物馆学习的最终归宿。"悟"指向思维的拓展与思想的深化，倡导学生在感悟、体悟和领悟中开展综合学习，从而真正获得文化认知与情感、态度、价值观的升华。孩子们在研学中怀有敬畏之心，将自己的思维和认知置于中华历史文明的长河中，经历一个从认知到认同再到获得归属感和自豪感的价值观建构过程。学生能够以具体的文物为线索形成贯穿古今的思维方式、多角度认识真实世界的哲学思想，这也是博物馆教育和学习的最大价值。

博物馆收藏历史，但面向未来。本丛书将为学生打开多彩世界的一扇大门，提供源自中华优秀传统文化的无尽滋养，一颗颗心怀世界、传承文明的种子正在这里萌芽……

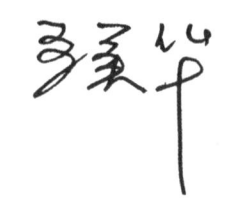

北京教育科学研究院基础教育教学研究中心

目录

研学准备知多少 ...01

彩陶之羽虫通灵 ...11

甲骨之王后女将 ...19

吉金之"鸮"勇善战 ...29

玉器之琢虎祈福 ...35

彩瓷之风雅青花 ...45

壁画之盛唐气象 ...53

石刻之不朽丰碑 ...61

木作之勾心斗角 ...69

书画之诗意山水 ...79

百戏之角力游戏 ...87

我的研学评价 ...94

目录

研学准备知多少

我能自己理行囊

出发之前理行装，自己动手能力长。
洗漱用品不能少，常用药物要装好。
内外衣裤和鞋袜，分类装袋容易找。
证件书本和相机，随身携带不忘记。
整装待发研学去，回来一样都不少。

整理行装的常识

出发前整理好行囊是极为重要的。

准备箱包

1. 行李箱：乘坐火车出行的旅客，每人可以免费携带物品的重量和体积有一定的规定，儿童（含免费儿童）10千克，外交人员35千克，其他旅客20千克。每件物品外部尺寸长、宽、高之和不超过160厘米，杆状物品不超过200厘米，但乘坐动车组列车时不超过130厘米，重量不超过20千克。

残疾人代步所用的折叠式轮椅不计入上述范围。乘飞机出行的乘客，因不同的航空公司对携带行李的重量和数量有不同的要求，须提前查阅。

2. 背包：将重要的证件、钱包、相机，以及纸巾、书籍等常用之物放在其中，便于拿取。

国内乘飞机时必须托运的物品

▶ 容量超过100毫升的容器不能随身携带，必须托运，整理行李时请妥善包装，防摔防压。

▶ 剪刀、水果刀等刀具必须托运。

国内乘飞机时不能托运的物品

▶ 现金、证件、摄像机、照相机、首饰等贵重物品。

▶ 所有锂电池不能托运，包括充电宝。

注意啦！上飞机时随身携带的充电宝必须是正规品牌的，有明确的容量标识，无破损；无容量标识的不能携带，超过20000毫安的充电宝必须经航空公司批准。

想一想

容量为150毫升的洗发水瓶子里只装有50毫升的洗发水，这件物品是否要托运呢？

我的背包里有
这些物品：

我托运的行李里有这些物品：

爸爸妈妈对我说

请你查一下研学目的地的气候，并准备好所带的衣物：

个人物品保管好

出门研学本开心,莫因丢物伤脑筋。
日常用品装进箱,证件零钱随身藏。
相机箱包挂名签,个人标识应明显。
乘坐大巴须注意,背包物品别忘记。
购物本是惬意事,付钱别忘把货提。
公共场所须谨慎,千万低调不张扬。
离开旅馆细检查,抽屉衣柜卫生间。
安全意识人人有,相互提醒多帮助。

护照、身份证等是国家发给我们的证明自己国籍和身份的重要证件，一旦丢失，我们将面临没有身份证明而无法乘机、乘火车返回的情况。

不仅如此，我们还要为持有该护照、身份证的人利用证件所做的一切行为负责任。因此，请你在外出时务必妥善保管好自己的护照和身份证。

另外，要记得在行李箱上贴好写有姓名及联系方式的标签哟！

房卡、钱包和相机等重要物品一定要随身携带，最好装在有拉链的书包内袋里。

爸爸妈妈对我说

你知道哪些物品容易遗失吗？

乘坐交通工具时小件物品(房卡等)极易掉落在座位下、椅缝中。

参观游玩或购物时手持物品（钱包、相机、水壶等）容易因随手乱放而遗失。

挂在酒店衣柜内的衣物、放在枕头下以及卫生间里的物品容易被遗忘。

出行计划我设计

任务一：研学地点我选择

研学主题	推荐研学地点	我的选择（请画√）
1. 彩陶之羽虫通灵	中国农业博物馆 北京古陶文明博物馆 青海省博物馆 甘肃省博物馆	☐ ☐ ☐ ☐
2. 甲骨之王后女将	河南安阳殷墟遗址 中国文字博物馆 国家典籍博物馆	☐ ☐ ☐
3. 吉金之"鸮"勇善战	中国国家博物馆 山西博物院 河南博物院	☐ ☐ ☐
4. 玉器之琢虎祈福	中国国家博物馆 南京博物院 良渚博物院	☐ ☐ ☐
5. 彩瓷之风雅青花	中国国家博物馆 武威市博物馆 中国陶瓷博物馆	☐ ☐ ☐
6. 壁画之盛唐气象	敦煌研究院 麦积山石窟 山西永乐宫	☐ ☐ ☐
7. 石刻之不朽丰碑	天安门广场 中国国家博物馆 中国人民抗日战争纪念馆	☐ ☐ ☐
8. 木作之勾心斗角	北京古代建筑博物馆 曲阜孔庙	☐ ☐
9. 书画之诗意山水	苏州博物馆 南京博物院 辽宁省博物馆	☐ ☐ ☐
10. 百戏之角力游戏	河南博物院 成都博物馆 中国国家博物馆	☐ ☐ ☐

任务二：地图上面找路线

根据自己的选择，和爸爸妈妈一起在地图上进行规划：

1. 在地图上圈画出目的地所在城市。

2. 将所圈画的城市用线连起来，注意城市间的距离，尽量不走重复的路线。

任务三：目标地点找特色

为了让自己的研学之旅更加丰富、有意义，除了推荐的博物馆或景区以外，你还可以看看当地的其他知名景区，品尝一下当地的特色美食，快跟爸爸妈妈一起上网查一查还想去哪里，还想吃什么吧，然后把自己的出行愿望记录下来！

第一次研学

目的地所在城市	选中的博物馆（景区）	想要参观的其他景区	想要品尝的美食

第二次研学

目的地所在城市	选中的博物馆（景区）	想要参观的其他景区	想要品尝的美食

第三次研学

目的地所在城市	选中的博物馆（景区）	想要参观的其他景区	想要品尝的美食

第四次研学

目的地所在城市	选中的博物馆（景区）	想要参观的其他景区	想要品尝的美食

任务四：出行方案我规划

第一次研学计划

出行日期	目的地所在城市	拟参观的博物馆（景区）	拟选择的交通方式及出发和到达时间	计划住宿的地方	备注

第二次研学计划

出行日期	目的地所在城市	拟参观的博物馆（景区）	拟选择的交通方式及出发和到达时间	计划住宿的地方	备注

第三次研学计划

出行日期	目的地所在城市	拟参观的博物馆（景区）	拟选择的交通方式及出发和到达时间	计划住宿的地方	备注

第四次研学计划

出行日期	目的地所在城市	拟参观的博物馆（景区）	拟选择的交通方式及出发和到达时间	计划住宿的地方	备注

（李静　孔继英　张怡　郭志滨）

彩陶

彩陶之羽虫通灵

博 物

清晨，当我们沐浴着和煦的阳光，听着清脆的鸟鸣，会不会感到心情非常舒畅呢？鸟作为人类最早的伙伴之一，在数千年里一直与我们同行。我们的祖先用各种方式将鸟的形象记录下来，特别是在人类早期文明中的陶器上，鸟纹非常普遍。人类为什么要在陶器上记录鸟的形象呢？鸟在古人的心目中又代表了什么呢？让我们与爸爸妈妈一起走进甘肃省博物馆，观察这里的陶器，去寻找鸟的身影，一起穿越千年，探寻这些鸟儿背后的秘密吧！

你知道吗？在陶坯表面，用红色、黑色颜料画上动植物形状的花纹或几何形花纹，烧制后，花纹即附着在器物表面，不易脱落，这就是彩陶。

对鸟纹彩陶壶的身份证

时 代	新石器时代晚期
年 龄	4700—5000 岁
故 乡	甘肃省天水市杨家坪
现居住地	甘肃省博物馆
它的样子	这件陶壶高 14.9 厘米，口径 11.1 厘米，腹径 25 厘米，底径 13 厘米。陶壶腹部两侧有对称的两只横耳，整体施黑彩，陶壶的颈部以平行条纹装饰，腹部绘有两组展翅相对的变形的鸟纹，下面是一圈垂弧纹。

学 思

在中国古代，鸟是各种艺术作品的主题之一。在彩陶中我们可以见到很多鸟纹。请你跟爸爸妈妈一起找一找下面几件彩陶中的鸟纹在哪里，并且在图上圈出来，跟爸爸妈妈交流一下这些鸟的姿态是什么样的，并将观察结果记录下来。

这些彩陶上的鸟纹，你都找到了吗？如果没有找到，请你仔细看看这个鸟纹演变示意图，再来找找前面图中的鸟纹在哪里吧！

仰韶文化彩陶鸟纹演变示意图

通过观察鸟纹演变示意图，请你跟爸爸妈妈讨论一下，当时的人们已经具备了怎样的一种意识。

知 行

古人绘制鸟纹经过了几个阶段，鸟的形象也从写实的描绘逐步走向抽象的符号概括，这也表明人类早期的艺术萌芽已经出现了。

跟着爸爸妈妈在甘肃省博物馆里再找找，是不是还有被你遗漏的鸟纹彩陶？把你看到的鸟纹图案用笔或照相机记录下来，比较一下，你有什么发现？

我的发现：

在博物馆里参观时，你是否会想：古人为什么要画鸟呢？鸟在古人的心中到底有着怎样的特殊意义呢？

资料拓展：

鸟纹图案是原始图腾的一种，当时的人们认为某些鸟类是自己的祖先，或者认为这些鸟类拥有强大而神奇的力量。还有考古学家推测，远古时期住在黄河流域的人们发现鸟在天冷时飞往南方，天暖时又飞回来，这正好与农耕的规律一致。

你画的鸟纹已经够多啦!

再多画一些,它们会保佑我们的。

我的分析:

在甘肃省博物馆里,除了彩陶,还有其他具有鸟元素的文物吗?试着找一找,并简单介绍一下你找到的文物。

我发现的文物

名　称:
年　龄:
它的样子:
其　他:

厚 德

从人类文明诞生以来,人们就用各种方式记录着鸟的形象,与鸟有关的传说、故事也数不胜数。

你知道哪些与鸟有关的传说、故事呢?这些故事中的鸟又具有怎样的品格?和爸爸妈妈一起交流讨论,把结论写下来吧!

精卫填海的故事表现了精卫鸟怎样的品格?

_____

_____

百鸟朝凤的故事告诉我们小凤凰具有怎样的品格?

_____

_____

_____

鸟是人类的朋友，它们"飞越"数千年，一直与人类相伴。

今天，我们无论生活在车水马龙的城市还是山清水秀的乡村，鸟儿总是陪伴在我们的身边，但是因为种种原因，它们的生存空间越来越小。希望大家能够在生活中多多关注、保护我们的"好朋友"，期待它们能一直陪伴在我们的身边！

（王红　田春丽）

甲骨

甲骨之王后女將

博物

一说起"将军",你是不是立刻就想到霍去病、李靖、岳飞、戚继光等威风凛凛、横扫千军的热血男儿形象?

那么,历史上有没有"巾帼不让须眉"的女将军呢?有的!3000多年前的甲骨文中就记载了我国历史上最早的女将军——妇好的故事。

这位中国历史上最早的女将军究竟是怎样的一位女子?关于她到底有哪些故事呢?

请你跟爸爸妈妈一起走进河南省安阳市殷墟宫殿宗庙遗址,从一片甲骨开始了解妇好的故事吧!

妇好率万三千军队伐羌方甲骨的身份证

时 代	商代后期
年 龄	3200多岁
故 乡	河南省安阳市殷墟宫殿宗庙遗址
甲骨文的内容	辛巳卜,贞:登妇好三千,登旅万,乎伐(羌)。
甲骨文的意思	商王武丁辛巳日占卜问:命令妇好征召13000名军士征伐羌方好吗?

这片甲骨记录了妇好率领13000人征伐羌方这件事。这是甲骨文中记录的武丁时期征召军士数量最多、规模最大的一次军事行动。

妇好是商王武丁的妻子之一,姓好,铭文中又称其为"母辛"。她是武丁时期杰出的政治家和军事家,武艺超群,力大过人,南征北战,建立了丰功伟业,在33岁时去世。

学 思

通过殷墟出土的十多万片甲骨，我们了解到在商王武丁对周边方国、部族的一系列战争中，妇好多次受命代替武丁征召士兵，屡任将军征战沙场。

让我们再来读一段有趣的甲骨卜辞，看看关于妇好这位能征善战的女将军的又一次著名战役吧！

妇好攻打巴方设埋伏的甲骨卜辞

辛未卜，争贞：妇好其比沚戛伐巴方，王自东深伐，戎陷于妇好位。

辛未日，争占卜。妇好、商王和沚戛征战巴方，商王武丁带着士兵从东面深入敌军交战，然后把敌兵引到妇好设置埋伏的地方，最终打了胜仗。

除了妇好攻打羌方、巴方的战役之外，你还知道有关她的哪些战役？你觉得她是一位怎样的女将军？

请大家说一说，这位女将军身上有哪些品质值得我们学习。

_____

_____

_____

这两段甲骨文中都有"妇好"二字，你找到了吗？一起来写一写"妇好"二字的甲骨文吧。

妇，图中为 ，这个字是帚，即扫帚，用扫帚做家务的人就是妇，也写作 （左边是帚，右边是女）。

好，图中为 （左边是女，右边是子）。

知 行

妇好是一位勇敢、坚毅的女将军。她以自己的才干赢得了商王武丁的尊敬和喜爱。武丁对她敬爱有加,因此经常过问她的起居、健康、生育等方面的情况。妇好死后,儿辈们单独保留了她的墓穴,祭祀祖先时也单独为她举行祭礼。

作为一名英勇善战、威风凛凛的女将军,妇好还有自己专用的武器——两件铸有"妇好"二字铭文的大铜钺。请你在安阳殷墟宫殿宗庙遗址里找一找这两件大铜钺,拍成照片贴在下面的方框里,并观察两件文物上主要有哪些纹饰,把了解到的信息写在图片右侧的横线上。

大铜钺照片1

文物名称:

纹饰:

高度:

刃宽:

重量:

大铜钺照片2

文物名称:
_____

纹饰:
_____

高度:
_____

刃宽:
_____

重量:
_____

你还在安阳殷墟宫殿宗庙遗址找到了哪些体现妇好将军身份的文物？快记录下来吧！

厚 德

> 妇好身上的哪些品质赢得了商王武丁的尊敬和喜爱？这些品质为什么让这位传奇女子流芳后世，为历史所铭记？

其实，历史上还有很多伟大的女性，她们同样以自己的可贵品质和人格魅力赢得了周围人的尊敬，留下了千古美名。

宋庆龄的故事

宋庆龄年轻时曾经留学美国。她在美国学习非常勤奋刻苦，立志以后为祖国和人民做贡献。

有一次，班里要讨论历史方面的问题，她认真地收集资料、深入思考，做了很多准备。

讨论会开始了，一位美国学生站起来发言：

"我认为，历史的发展是难以估计的。你们看，那些所谓的文明古国，比如亚洲的中国，已经被历史淘汰了。人类的希望在欧洲和美国……"

坐在后排的宋庆龄眉头一下子皱了起来。她压抑着激愤的心情耐心地听那位学生讲完，然后马上站起来用坚定的语气开始反驳：

"历史确实是在不断变化的，但它永远属于亿万大众。拥有五千年文明历史的中国没有被淘汰，也不会被淘汰。有人说中国像一头沉睡的狮子，但它不会永远沉睡下去。总有一天，东亚睡狮的吼声将震动全世界！因为它有广阔的土地、勤劳的人民、悠久的历史、富饶的物产……还有无数革命志士，为了它的振兴在进行着艰苦卓绝的斗争！"

宋庆龄的发言不但充满激情，还用自己收集到的历史资料证明自己的观点，赢得了同学们热烈的掌声。

大家纷纷称赞："说得好，以理服人！""这些话非常有力量！"

> 你认为宋庆龄身上有哪些值得我们学习的品质？
> 你还知道哪些伟大女性人物的故事？快来讲给同学们听吧！

在日常生活和学习中,你身边有哪些人因具有优秀的品质而成为受欢迎的人?这些优秀的品质是什么?

同学之间交流一下:在与人相处的过程中,要想赢得他人的信任和尊重,要具备哪些品质呢?

中华民族几千年的文明留给世人无比丰厚的宝藏,女将军妇好的勇敢、坚毅已然成为中华民族的优秀品质之一,它滋养并激励着世世代代中华儿女。

(高江丽)

吉金

吉金之"鸮"勇善战

博物

鸮（xiāo），俗称猫头鹰。提到猫头鹰，你的第一印象是什么？我想一定会是面部像猫、在夜间活动、视觉敏锐、叫声令人毛骨悚然等。

但你知道吗，在商代，猫头鹰是人们最喜爱和崇拜的神鸟。

鸮昼伏夜出的天性和击而必中的本领，使其成为"战神"的象征，成为商王和将军们喜爱的动物。

很多玉器、石器、陶器、青铜器中，都有精美的鸮形纹。"妇好鸮尊"就是其中非常知名的青铜器之一。

妇好鸮尊的身份证

时 代	商代后期
年 龄	3200多岁
故 乡	河南省安阳市殷墟宫殿宗庙遗址妇好墓
现居住地	中国国家博物馆和河南博物院（各藏一件）
它的样子	妇好鸮尊高46.3厘米，口长16.4厘米，它以猫头鹰作为原型，宽喙高冠，圆眼竖耳，头部略扬，挺胸直立，双翅收敛，两足粗壮有力，和垂地的宽尾构成了一个平面。

学 思

　　"尊"也写作"樽",是商周时期常见的一种盛酒器,一般为青铜材质,铸成动物形状的尊也称作彝尊。

　　妇好鸮尊就是一件彝尊,出自妇好的墓室,是第23任商王武丁赐给妻子妇好的盛酒器。

　　你还知道哪些商周时期的著名青铜尊?说一说它们与妇好鸮尊有哪些不同。

我还知道这些青铜尊:

它们与妇好鸮尊的不同之处是:

知 行

在我国，带有鸮元素的文物还有很多。比如秦始皇陵兵马俑中的将军俑，其发髻就是鸮尾髻，是猫头鹰尾巴的造型，寓意是不死不休，一战到底。

请同学们和爸爸妈妈一起到博物馆寻找更多的鸮形文物，并用自己喜欢的方式记录下来。

（小提示：山西博物院、天津博物馆、河南省周口市博物馆等多家博物馆都藏有鸮形文物）

我找到的文物：_____

_____

鸮的形象在这里：_____

_____

_____

我推测它主人的身份是：_____

_____

它的样子是这样的：_____

厚 德

在战争频发的古代，像妇好这样能征善战的人，人们称其为勇士。在当前的和平年代，各行各业同样涌现出一大批不畏艰难、奋勇拼搏的勇士，他们以无畏的勇气和执着的精神在各自的工作领域勇往直前。以消防员为例，你认为他们身上的勇气体现在哪些方面呢？

消防员身上的勇气体现在：

_____

_____

_____

_____

作为学生，我们可能不会像成年人那样遇到巨大的挑战，但在生活中同样会遇到各种各样的困难和问题，同样要以百倍的勇气去面对。面对一件从未做过的事，比如骑自行车，初学时很困难，也有一定危险，但你大胆地去尝试，坚持到底不放弃，这就是具有勇气的表现。当自己的见解被别人否定时，你敢于坚持己见，这也是具有勇气的表现。

每个人都有勇敢的一面。跟爸爸妈妈讨论一下：你有哪些勇敢的表现呢？在遇到哪些有困难的事情，你想勇敢地面对，并尝试着去做一做呢？让爸爸妈妈做裁判，为你打气加油吧，让我们每一个人都鼓起勇气面对困难！

我的勇气体现在：

我要尝试做这件事：

任何人都不是天生就有面对困难和解决困难的勇气的，勇气同样需要培养。在生活中，我们会遇到很多复杂的人和事，在学习上也会遇到困难，但只要敢于面对，学会微笑面对，不急不躁地解决问题，相信你没有做不到的事情。请记住：勇者无敌！

（赵苹）

玉器

玉器之琢虎祈福

博 物

虎文化的发展在人类历史中源远流长。说起老虎，也许你立刻就会想到它是"百兽之王"，也许还会想到"一山不容二虎"，还有"虎头鞋""虎头帽"等生活中和老虎相关的很多事物。

除了这些，你还能想到哪些和老虎相关的事物呢？

和老虎相关的事物：

你知道吗？老虎还是中国古代四大神兽（青龙、白虎、朱雀、玄武）之一。四大神兽又称四象，在古代分别代表东、西、南、北四个方向。其中白虎代表了西方。

老虎高大威猛，同时也是中华民族传说中的瑞兽之一，所以古人常把虎的形象刻画在铜器、石器、玉器等器物上，用来装饰、祈福、避邪、镇宅、守墓等。

请你和爸爸妈妈一起去中国国家博物馆玉器展厅，找到骑兽人形佩这件文物，看一看古人为什么要把虎的形象刻在玉佩上吧！

骑兽人形佩的身份证

时　代	战国时期
年　龄	2200多岁
故　乡	河南省洛阳市西小屯村
它的样子	这是一件圆雕玉器，高2.6厘米，长1.8厘米，宽0.9厘米，是个人骑老虎的形状。这是一件墓室中的陪葬品，展现了驭虎乘风的情形。

37

学 思

骑兽人形佩有2200多岁啦,这也说明早在2200多年以前,我们的祖先就与虎有了近距离的接触。从那时开始,虎的形象就以各种不同的姿态出现在人们的生活中。

虎自古就是中华民族的瑞兽之一,我们的生活中也总能看到和虎文化相关的东西。

你曾经在哪些地方看到过虎的身影,把你的发现写下来吧。

我听过关于老虎的故事：_____

_____

_____

我看过关于老虎的电影：_____

_____

_____

_____

我还知道关于老虎的事情：_____

_____

_____

你看，老虎的元素已经融入了我们生活的各个方面，形成了独特的虎文化。虎文化是中华传统文化中极其重要的部分。长期以来，虎一直被当作权力和力量的象征，也一直为人们所敬畏。

从石器时代的岩画、商周时期的青铜器、春秋战国时期的玉器、秦汉石雕、魏晋南北朝壁画到唐宋诗词、明清小说等，虎的形象被历代艺术家、文学家刻画得威风凛凛、栩栩如生。

知 行

早在 200 万年前，被称为现代虎祖先的古中华虎就生活在中华大地上，此后的岁月中，它们与先民有过无数次"亲密接触"。

请你仔细观察骑兽人形佩，你觉得这件文物表现了人类和老虎之间一种怎样的关系呢？

提示：
1. 仔细观察玉佩，人物是怎样的姿态？
想想看，人物为什么会是这样的姿态呢？
2. 老虎是怎样的姿态？
由此推测，老虎和人是怎样的关系？

我的猜测：

在中国国家博物馆里还有很多与虎有关的文物，比如下面的虎形玉佩和后母戊鼎。

在博物馆和爸爸妈妈一同找找看，你们能找到这些器物上的老虎在哪里吗？你知道这些老虎有着怎样的寓意吗？

虎形玉佩

后母戊鼎

我知道这些器物上老虎的寓意是：

你在博物馆里还找到了哪些有老虎造型的文物？用你喜欢的方式记录在下面。想一想，古人为什么会制造这些与老虎相关的器物呢？

厚 德

老虎与人类相伴了这么久，深刻地影响了人类的生活，你想不想亲自去看看它，了解一下它的生活状况呢？

请你走进动物园，看看动物园里老虎的生存条件是怎样的，再通过网络、书籍等搜集资料，查一查野生老虎的生存状况，做个小调查，记录下你的收获。

	活动范围	饮食情况	繁殖情况	生存状态
动物园老虎的生存现状				
野生老虎的生存现状				

有一句俗话说"一山不容二虎",这是什么意思?动物园里为什么不是这样呢?结合你收集到的资料分析一下。

我的分析:

尽管老虎是处于自然界食物链顶端的猛兽，但是也同样面临着各种生存危机。随着人类社会的发展，老虎的栖息地被人类大量侵占，生存空间严重不足。

　　再加上人类对虎骨、虎皮等的盲目追捧，使得老虎千百年来一直是偷猎者猎杀的对象，从而导致它们的数量越来越少。

　　今天，我们基本上只能在动物园里才能看到老虎，在野外已很难发现它们的身影了。

　　动物与人类共同生活在地球上，包括老虎在内的动物是自然生态环境的重要组成部分，而自然生态环境是人类赖以生存的基础。保护老虎等野生动物，就是在保护生态环境，保护我们共同的家园。只有这样，才能维护大自然的生态平衡，促进人与自然的和谐发展。

（崔敏）

彩瓷

彩瓷之风雅青花

博 物

元朝是中国历史上由蒙古族建立的王朝。蒙古族是一个生活在马背上的民族，人民能骑善射。出游时，他们总会带上一些美酒和干粮，幕天席地，把酒言欢。他们还常常在一种独特的高足杯里斟满美酒，举杯痛饮，尽显豪爽与奔放。那么你知道他们的高足杯是什么样的吗？为什么他们喜欢用高足杯呢？这么高的杯子会不会放不稳当呢？快跟爸爸妈妈一起走进博物馆找找答案吧！

青花昭君出塞纹高足杯的身份证

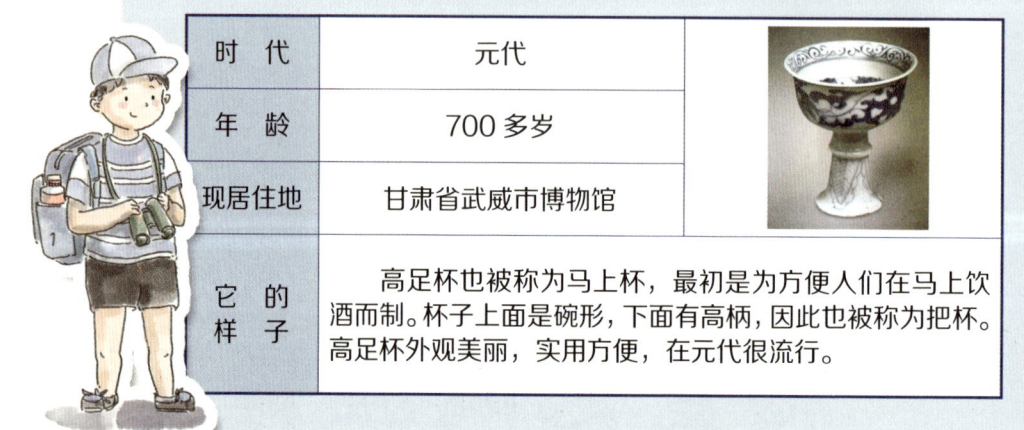

时 代	元代
年 龄	700多岁
现居住地	甘肃省武威市博物馆
它的样子	高足杯也被称为马上杯，最初是为方便人们在马上饮酒而制。杯子上面是碗形，下面有高柄，因此也被称为把杯。高足杯外观美丽，实用方便，在元代很流行。

46

学 思

元代很多青花瓷上的图案取材于一些话本故事中的场景。这件青花昭君出塞纹高足杯上展现的就是许多话本中都写过的"昭君出塞"的故事，也就是汉元帝为了与南匈奴友好相处，将宫女王昭君嫁给南匈奴单于的事。请你仔细看一看，跟自己的爸爸妈妈交流一下画面所表现的内容吧！

交流话题：
1. 王昭君为什么要远赴匈奴？
2. 你看到王昭君手中拿的乐器了吗？有人说这种乐器"本出于胡中，马上所鼓也。推手前曰批，引手却曰把……"你觉得这件乐器是什么呢？

高足杯上的这幅画中，杨柳依依，王昭君骑在马上边弹边唱，同时回望着来时的路，让人仿佛听见了优美的弹奏声、婉转的歌声，这些声音伴随着马蹄声渐渐远去。

当然，王昭君并不是孤身一人前往匈奴的，与她一同前往的还有大量随从，他们携带了大量的物资。这些随从中有精于农耕之人，有手工匠人，有读书人。请你猜一猜，王昭君带去匈奴的大量物资都有什么呢？这些人和物资又是如何促进民族之间的交流与融合的？

蒙古族和匈奴一样是游牧民族，他们世代生活在草原上。《敕勒歌》里这样描写草原风光："天苍苍，野茫茫，风吹草低见牛羊。"这样的生活环境使得蒙古族人性情豪迈而奔放。他们在野外就餐时，往往是席地而坐，将食物与美酒放在地上。了解了他们的饮食习惯之后，你能试着说一说为什么在下面这三种酒具中高足杯最适合他们吗？

我的理由：

_____

_____

_____

知 行

元代的很多瓷器在器形上做出了改变，这些变化都是各民族之间相互交流、相互融合的表现。

你觉得旁边和下边这两件瓷壶哪件更适合马背上的民族？说说你的理由。

元·龙凤四系扁壶

执壶

再来辨认辨认下面这些元代瓷器上所画的图案，想想这些图案代表了什么含义。

元·青花松竹梅纹高足碗杯

元·青花四爱图梅瓶（周敦颐爱莲）

透过这些精美的瓷器，你是否看到了民族文化交融的场景呢？把你的感受与爸爸妈妈分享一下。

49

厚德

外国人认识瓷器、使用瓷器主要源于丝绸之路。

无论是行进在广袤戈壁上的驼队,还是航行在无垠碧海上的船队,古代商人通过陆上丝绸之路和海上丝绸之路,将一件件精美的瓷器运到海外,并带回古代中国人所需要的东西。包括青花瓷在内的瓷器就这样成了各民族之间、国与国之间友好交往的明证。

> 如果有机会,你可以和爸爸妈妈一起沿着陆上丝绸之路,到陕西、甘肃、青海、新疆等地去寻找当地能体现民族融合的文物,用画笔或相机记录下来。

我的发现

我找到的文物：_____

_____

_____

发现的地点：_____

_____

_____

_____

这件文物产生的时代：_____

_____

_____

_____

这件文物是怎样体现民族融合的：_____

_____

_____

_____

小小的瓷器就像一个调色盘，它将不同的民族文化调和，将迥异的艺术风格调和，将中国与世界调和。我们的祖先用瓷器让世界认识了中国、了解了中国。请同学们思考一下，作为国家未来的主人，我们可以用什么来让世界更加了解中国、让中国走向世界呢？

（赵晶）

壁画

壁画之盛唐气象

博 物

从古到今，美丽的服饰总是能够引领时代的潮流。唐诗里不是说了吗，"云想衣裳花想容"。敦煌塑像和壁画中人物所穿戴的衣、裳、冠、履，梳着的发髻、佩戴的饰品等装饰元素形成了独特的风格，直到今天很多服装设计师仍然会从中寻找灵感，设计出具有浓浓中国风的服饰来。那么，敦煌服饰中的"衣""裳"为什么分开说？"冠"和"履"又是什么？原来，我们中国人从商代起，就形成了上着衣、下穿裳的服饰特点，并一直沿用到了清末的妇女服饰。

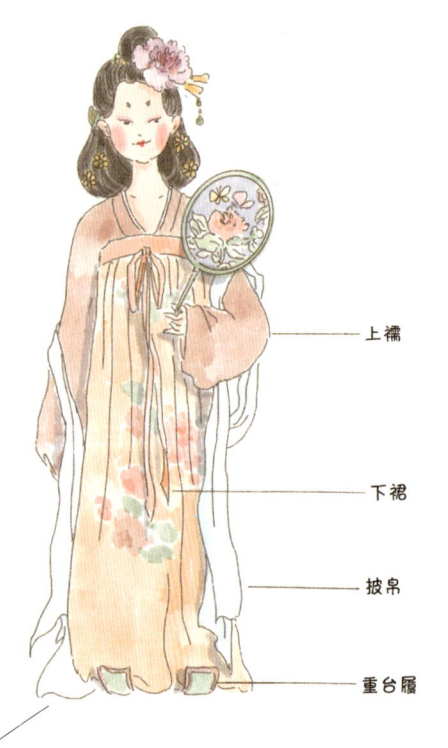

上衣下裳：连缀在一起叫深衣。汉代以后上衣称襦，下裳称裙。唐代妇女还在肩、臂上披长条状的巾子，称披帛（见左图）。

冠：古代是头上装饰的总称，用以表示官职、身份与礼仪之用。例如：古代执法官员戴的是獬豸（xiè zhì）冠、女子出嫁戴的是凤冠。

——上襦
——下裙
——披帛
——重台履

履：一种平底的鞋子，多用作礼服鞋，也可用作鞋子的总称。除此之外，古代还有舄（xì）、屦（jù）、鞋、靴等。

怎么样？有没有觉得眼花缭乱了呢？敦煌服饰文化博大精深，就让我们通过《都督夫人礼佛图》去看一场古人的时装秀，看看我们"穿越"千年，能有哪些发现吧！

壁画《都督夫人礼佛图》的身份证

时代	盛唐时期（唐代天宝五年至乾元元年，即746—758）
年龄	1200多岁
故乡	莫高窟第130窟
故事	壁画的女主角是太原王氏，她是天宝年间敦煌附近的晋昌郡太守乐庭瓌（guī）的妻子。她本是名门闺秀，随丈夫镇守边关多年。在修建莫高窟第130窟大佛时，因为王氏带头捐了一大笔胭脂钱，所以她和家人的画像能够出现在壁画上。当然啦，由于年代久远，这幅壁画的原作剥蚀很严重，一些关键部位已经缺损褪色，此处这幅画是经敦煌研究院名誉院长、人称"大漠隐士"的敦煌学第二代传人段文杰考证后的临摹之作。

学 思

我们一起看看这幅盛唐时期的壁画，结合有关供养人像的知识，你能猜到画中谁是都督夫人，她的两个女儿又是哪两位吗？为什么？

请你留意画中人物的服饰，不同身份的人穿着有什么不同？你最喜欢这些服饰的什么特点？能说说理由吗？

画中哪些穿戴和我们今天的服饰有相似之处？

她们的鞋履和我们今天的鞋子有什么不同？

你猜猜为什么要这样设计呢？

供养人像，就是出资开凿石窟、绘制壁画或建造雕像的人为了表示虔诚、留记功德或名垂后世，在壁画或雕像的边角或者侧面画上或雕刻自己或亲眷、奴婢等人的肖像。

知 行

　　除了这些精致华丽的贵族服饰，敦煌壁画中还绘有大量的平民服饰，让我们有机会感受不同历史时期不同阶层的服饰风格和人们的审美特点，同时也能从中体会民族间服饰的融合之美。你能在敦煌壁画中找到不同历史时期的服饰吗？试着画一画，说一说这些服饰体现了这个朝代什么样的审美特点或者社会风貌。

宋代姑娘的头饰是什么样的？

隋代的姑娘喜欢什么样的衣裳？

厚 德

几千年过去了,敦煌壁画上的服饰元素仍然被今天的服装设计师所借鉴运用,这说明了什么呢?

你能借鉴敦煌服饰的纹样或者样式特点,设计一个图样或者一件时装吗?

连珠大鹿纹样　　　　　宝相花纹

我的设计图

敦煌壁画中的服饰以其独特的魅力，"穿越"千年，以各种不同的形式出现在现代人们的生活中。

今天，敦煌壁画中的各种中国元素依然被运用在时装上。

这些都是对传统文化另外一种形式的继承与发展。

（吴丽梅）

石刻

石刻之不朽丰碑

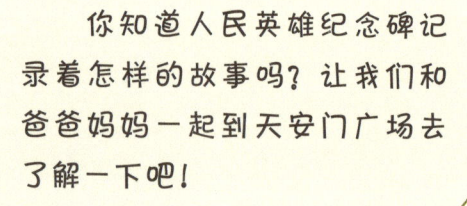

博物

9月30日是我国的烈士纪念日。每年的这一天，党和国家领导人都会同首都各界代表一起，在天安门广场向人民英雄敬献花篮。

你知道人民英雄纪念碑记录着怎样的故事吗？让我们和爸爸妈妈一起到天安门广场去了解一下吧！

为了纪念在人民解放战争和人民革命中牺牲的人民英雄，国家在首都北京修建了人民英雄纪念碑，表达全国人民对革命先辈的敬仰，缅怀先烈不朽的功绩。

人民英雄纪念碑的身份证

出生过程	1949年9月30日奠基，1952年8月1日开工，1958年4月22日建成，1958年5月1日揭幕。
现居住地	北京天安门广场
它的样子	人民英雄纪念碑通高37.94米，碑基面积约3000平方米，四周围绕着两层汉白玉栏杆。 　　人民英雄纪念碑碑形庄严雄伟，具有鲜明的民族风格。碑身正面是毛泽东的题词"人民英雄永垂不朽"，背面是毛泽东起草、周恩来题写的碑文。碑座四周镶嵌着反映中国一百多年来革命历史的巨幅汉白玉浮雕，分别为：《虎门销烟》《金田起义》《武昌起义》《五四运动》《五卅(sà)运动》《南昌起义》《抗日游击战争》《胜利渡长江》以及两幅装饰性浮雕《支援前线》和《欢迎人民解放军》。纪念碑为全国重点文物保护单位。

学 思

让我们一起来看看，人民英雄纪念碑碑座上的这八幅浮雕分别反映的是什么事件。

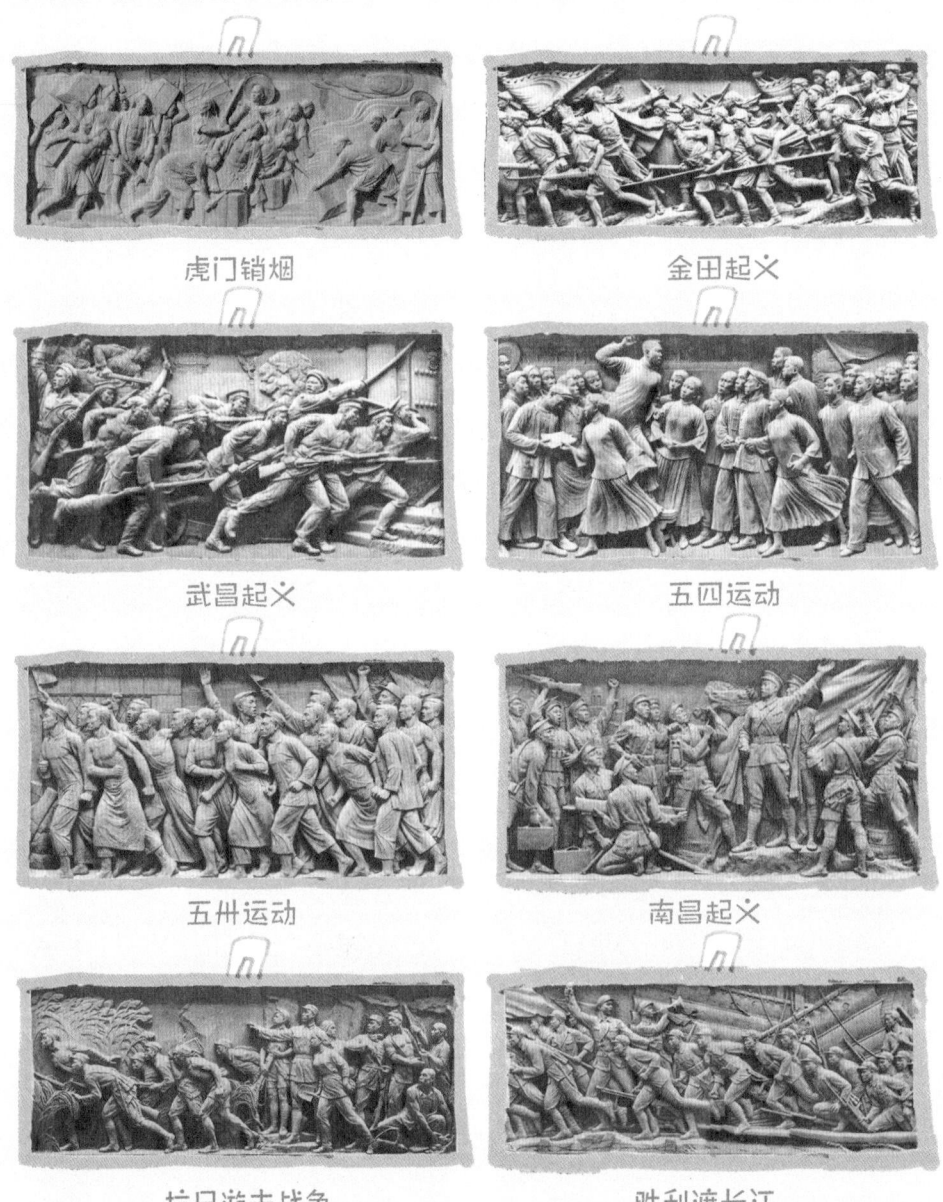

虎门销烟

金田起义

武昌起义

五四运动

五卅运动

南昌起义

抗日游击战争

胜利渡长江

从这些浮雕中选择一两幅你感兴趣的，让爸爸妈妈给你讲一讲浮雕上的历史事件，说说这些事件展现了当时人们怎样的精神风貌。

知 行

这幅浮雕表现了什么场景？在这幅浮雕中，还能看到与大家同龄的人，请你来找找他们在哪里？他们都在做什么？

请大家绕着人民英雄纪念碑转一转，看看下面的浮雕在碑座的哪个方位。

东面　　南面　　西面　　北面

连一连。

65

像这样记录着历史事件的浮雕还有很多,你可以走进中国人民抗日战争纪念馆、中国国家博物馆的"复兴之路"展厅进行参观,看看还能找到哪些这种题材的浮雕。它们又记录了什么故事,展现了怎样的精神?

我去的博物馆:

看到的浮雕:

我的感受:

厚 德

人民英雄纪念碑正面有八个大字"人民英雄永垂不朽",大家想一想人民英雄什么样的精神是永垂不朽的?这种精神在今天我们生活的和平年代还需要吗?为什么?

交流讨论:结合身边的事,与家人一起说说我们在哪些方面还需要有这样的精神?

_____
_____
_____
_____
_____
_____

请大家想一想,在今天,我们能为实现中华民族伟大复兴的中国梦做些什么?

我的想法:

_____

_____

_____

_____

_____

_____

> 正是无数的人民英雄缔造了我们今天的新中国,让祖国日新月异,逐步走向繁荣富强。

(徐丹丹)

木作

木作之勾心斗角

博 物

"勾心斗角"在现代是个贬义词，指人与人之间关系不和睦，互相"下绊子""穿小鞋"。可是，"勾心斗角"这个词在产生之初，无论是使用范围还是内容，都和人际关系没有任何关联。那么，"勾心斗角"的原意到底是什么呢？今天，就让我们一起走进山东曲阜的孔庙，去了解一下"勾心斗角"是怎么来的吧！

曲阜孔庙是祭祀中国古代著名思想家和教育家孔子的祠庙，具有东方建筑特色。孔庙规模宏大、布局严谨，1994年被联合国教科文组织列为了世界文化遗产，它还是全国重点文物保护单位之一。建筑学家梁思成称它是"世界建筑史上的孤例"。了解了这些，你有没有心生敬意？有没有一种自豪感油然而生？

"勾心斗角"建筑结构的身份证

别　称	钩心斗角
时　代	孔庙始建于公元前478年，经历多次重修、扩建。清代雍正二年（1724年）孔庙再次毁于雷击引起的大火，雍正皇帝下令重修孔庙，耗时六年方才完成。
年　龄	近三百岁
故　乡	山东省曲阜市
它的样子	檐角交错

学 思

人们都说古建筑是凝固的历史，见证着不同时代的风云变幻，蕴含着丰富的历史文化。请你仔细观察下面两张照片，说一说照片中建筑的檐角在布局上有什么特点。

没错，这两张照片中的房屋檐角都是从建筑的中心延伸出来，檐角非常规整严谨，造型对峙而立，结构精巧交错，这种结构就是"勾心斗角"本来的意思了。可见，"勾心斗角"原本是建筑学的一个概念。

高大雄伟的宫殿，华丽微翘的檐角，它们当然不会真的相互争斗。请想一想，为什么这些建筑会采用这种风格呢？跟爸爸妈妈一起讨论一下吧！

大成殿是孔庙的主体建筑，高32米，长54米，深34米，整座建筑的屋顶为重檐九脊，斗拱交错，再加上雕梁画栋，显得非常有气势。大成殿的屋脊和檐角很好地诠释了"勾心斗角"的含义。

"钩心斗角"一词最早出现在唐代杜牧的《阿房宫赋》中："五步一楼，十步一阁。廊腰缦回，檐牙高啄。各抱地势，钩心斗角。"诗人用"钩心斗角"来形容阿房宫的建筑之精妙，后来人们也把它写成"勾心斗角"。很遗憾，传说中的阿房宫毁于秦末的一把大火，我们已无缘见到了。你能展开丰富的想象，试着画出阿房宫檐角交错的形态来吗？

古建筑中蕴含着丰富的历史文化知识，成语更是凝聚了古人的智慧。像"勾心斗角"这样蕴含着古建筑知识的成语还有很多。请看下面几幅图，我们来个"成语对对碰"吧！

门当户对： "门当"是在建筑物门口相对放置的呈扁形的一对石墩或石鼓；"户对"是在大门顶部起到装饰门框作用的构件，通常成对出现。现在的含义逐渐演变成为一种婚嫁观念。

雕栏玉砌： 用白色大理石砌筑的房屋阶基，阶基上有石栏杆。现在用来形容富丽、精致的建筑物。

雕梁画栋： 在栋梁等木结构上雕刻花纹并加上彩绘，现在常用来形容建筑物富丽堂皇。

知 行

同学们，你们仔细"查验"过曲阜孔庙中"勾心斗角"建筑结构的身份证了吗？你一定发现身份证中它的别称"钩心斗角"了吧！

这个原本形容宫殿建筑精美、结构交错的词，到了现代写作"勾心斗角"，用来比喻人与人之间各用心机，互相排挤、攻击。

这是一种错误的人际交往方式，你如果这样和同学相处，可是交不到朋友的哟！

那么在日常生活中，我们应该怎样与人相处呢？

唐代的陆羽在《茶经》中提出了对人"精行俭德"的道德要求，就是说人应该严格按照社会道德规范行事，不逾矩；恪守传统道德精神，不松懈。

精 行 俭 德

仔细观察这四个字，思考一下：

"精"字的米字旁，横为什么向上倾斜？竖位于横偏右，捺为什么变点？是为了给右边让位吗？右边"青"第三个长横在哪里起笔？是不是感觉笔画间的这种布局很巧妙？这种笔画的书写结构叫作"避让穿插"，这与建筑中的"勾心斗角"有相似之处吗？

再仔细观察其他三个字笔画间的避让穿插，也试着写一写。

想一想，从书写这四个字的小窍门中你受到了怎样的启发？和爸爸妈妈讨论交流。

爸爸妈妈说：

注意了笔画间的避让穿插，才能使字成为一个整体，成为一个美观的汉字。从建筑技术方面来看，"勾心斗角"的建筑构造也是另一种相互避让、相互成就。这就给我们以启发：人与人之间也应该相互谦让、宽容。

我的思考：

厚　德

　　同学们，你一定读过"草船借箭"的故事。这个故事里有很多算得上勾心斗角的事情。比如：周瑜要为难诸葛亮，故意让诸葛亮立军令状；诸葛亮故意不告诉周瑜怎么造箭，想让周瑜大吃一惊；曹军害怕大雾里有埋伏，只敢放箭，正好是诸葛亮意料之中的事情，最终白白损失了十万支箭……

草船借箭

①周瑜叫诸葛亮写军令状，诸葛亮毫不犹豫地写了。

②诸葛亮请鲁肃准备好二十只船，鲁肃照办了。

③鲁肃没跟周瑜提借船的事，只是说诸葛亮不用任何材料。周瑜很疑惑。

④船驶向了曹营的方向，回来时插满了箭。

面对敌人时，勾心斗角是必要的。但是在我们的日常生活中，人与人之间一定要避免勾心斗角，要和谐相处。那么你知道应该怎样与人和谐相处吗？这里面可有不少诀窍呢。

首要的一点，必须要诚恳待人，对待别人要实实在在，不能虚情假意。只有以诚相待，别人才能信任你，才愿意和你交往。

第二点，在与人相处时要学会换位思考，在相互理解中善待别人。

最后，要尊重别人，对人不强求、不为难，也不替代别人做事情。

第三点，在与人相处中要能够实事求是地看待自己。

同时，和人相处时，最好不要戴着有色眼镜去观察问题、看待别人，一定要客观公正地看待别人；少一点儿没有意义的说长道短，多一点儿真诚的关心和帮助；少一点儿随随便便的指手画脚，多一点儿互相信任和互相支持。

请你和爸爸妈妈交流一下，要做到跟别人和谐相处，除了以上所说的，还能怎样做？

_____
_____
_____
_____
_____
_____

> 勾心斗角只能使人与人的关系变得越来越紧张，越来越冷漠，在防备别人的思虑中，耗费自己的心力和宝贵的时间。只有坦诚相见、沟通交流、精诚合作，才能让人与人之间的关系变得更加和谐，让整个世界变得更加美好。

（张伟）

书画

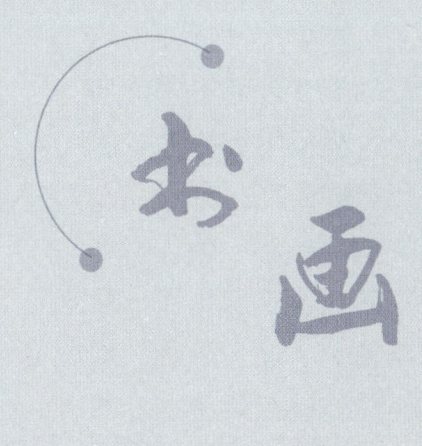

书画之诗意山水

博 物

　　古诗和国画都是中华传统文化中的瑰宝。诗画同源向来是文学家与艺术家谈论的话题之一。我们学过的很多唐诗，都有画的意境。比如，"停车坐爱枫林晚，霜叶红于二月花""白沙翠竹江村暮，相对柴门月色新"等。明代有一位著名画家陆治根据这些唐诗描绘的意境创作了一本山水图册，其中有山水，有人物，有禽鸟，独具风骨，别有生趣。你想感受一下诗中有画、画中有诗的意境吗？想领略这位画家的人格魅力吗？让我们开始一段诗意之旅，并在品诗赏画的过程中，发挥想象，思考探究，感受传统文化的魅力，感悟传统文化的独特韵味。

《唐人诗意山水》图册的身份证

时　代	明代
年　龄	400多岁
现居住地	苏州博物馆
它的样子	图册内纵27.6厘米，横26.3厘米，外纵32.5厘米，横62.8厘米。
它的内容	这本图册是明代著名画家陆治晚年所作。图册共10幅，每幅以唐代诗人的一联诗命题作画，内容有的是山水，有的是人物，有的是禽鸟，按照春、夏、秋、冬的不同随意置景。整本图册用笔苍劲，用色明润，体现了画家独特的艺术风格。

学 思

下面这两幅画就出自陆治的这本山水图册，认真观察画上的内容，你联想到了哪些诗句呢？请你根据画中的意境，试着给画面配上合适的诗句。

81

想知道你写出的诗句与画家陆治画上的诗句是否一致吗？赶快请爸爸妈妈带你去苏州博物馆的吴门书画展厅一睹这件展品的真容吧。

当你在展厅里欣赏着诗意山水图时，你觉得画家的画表现出诗的意境了吗？

说一说你的理解吧！

_____
_____
_____
_____
_____
_____
_____
_____
_____
_____

知 行

这本《唐人诗意山水》图册中共有10幅画作，请你在展厅里找一找，找到其他8幅画作，看看画面分别描绘的是哪句唐诗呢？你能不能也像陆治一样，根据诗句描绘的景象配上一幅画呢？

这是《唐人诗意山水》图册中的一幅，描述的是唐代杜甫的诗《南邻》中的一联。看到这幅图，你有什么新想法吗？

自己试着画一画吧！

南 邻

[唐] 杜甫

锦里先生乌角巾，园收芋栗未全贫。
惯看宾客儿童喜，得食阶除鸟雀驯。
秋水才深四五尺，野航恰受两三人。
白沙翠竹江村暮，相对柴门月色新。

你知道吗？为躲避战乱，诗人杜甫曾经住在成都浣花溪畔，附近有位锦里先生，杜甫称之为南邻。读一读这首诗，想一想诗中描绘的场景出现在什么季节。

有人说，这首诗里藏着两幅图，一幅是山庄访隐图，一幅是江村送别图。请你边读诗句边想象画面，说一说你的看法，要有理有据地表达哟！

　　你最喜欢这首诗里的哪几句呢？可以试着把你想象到的画面画下来，再把诗句题上去。

厚 德

古人认为诗能表达人的所思所想，诗中往往寄托着诗人的情感、意愿与志向。

仔细观察画家陆治所作的山水图册，诵读画上题的唐诗，这些诗句有没有一些共同的特点？多查找一些陆治的生平资料，说一说你对这位画家的认识。

右边这幅画源自王维的诗《与卢员外象过崔处士兴宗林亭》："绿树重阴盖四邻，青苔日厚自无尘。科头箕踞长松下，白眼看他世上人。"诗句直白，刻画了崔兴宗高洁的隐士形象。

其实，上面这首诗和画又何尝不是画家陆治自己的写照呢？陆治晚年隐居，过着贫困的生活，可是当有人想高价买他的画时，陆治却拒绝了。他说："吾为所知非为所贫也。"对于陆治的做法，你怎么看？和爸爸妈妈讨论一下，写一写自己的心得。

淡泊名利，志向高洁，是中华传统文化中的重要价值追求。诵读古诗，欣赏画作之余，体会诗作、画作中的意境和作者的思想感情，不但能够领略传统文化的魅力，更能培养我们高雅的艺术品位，请你在爸爸妈妈的陪同下，多欣赏一些展现优秀传统文化的佳作吧！

（王静）

百戏

百戏之角力游戏

博 物

体育运动时，体形较胖的人往往会因为动作不灵活而成为表现较差的人。但就有这么一项属于胖子的运动，运动员们在几十秒甚至几秒内就能分出胜负，这就是堪称世界上最灵活的"胖子运动"——相扑。

所谓相扑是指两人在土表（相扑场地）中角力的一种格斗技，一方将另一方扳倒或推出土表即为胜利。一般人只要提及相扑，就会自然而然地认为它是日本的国粹。其实不然，让我们一起看看下面这件文物吧！

绿釉相扑男俑的身份证

时　代	宋　代	
现居住地	河南博物院	
它 的 样 子	这件男俑为手塑陶胎，表面施以低温绿釉而成。俑身高6厘米，被设置在长3.6厘米、宽2.7厘米的长方形台座上。	

学 思

观察绿釉相扑男俑中的两个人是怎样进行比赛的、比赛中他们表现的状态是什么样的？为什么会这样？把你的观察和猜测写下来。

我的观察和猜测：_____

_____

_____

_____

_____

相扑这项运动其实就是中国古代的"角抵"，它主要是通过力的较量，用简单的人体相搏的方式来决出胜负。

"角抵"就是中国古代的摔跤运动，在历史上各个朝代有着不同的名称，看一看下面这幅示意图，了解一下"角抵"的发展历史吧！

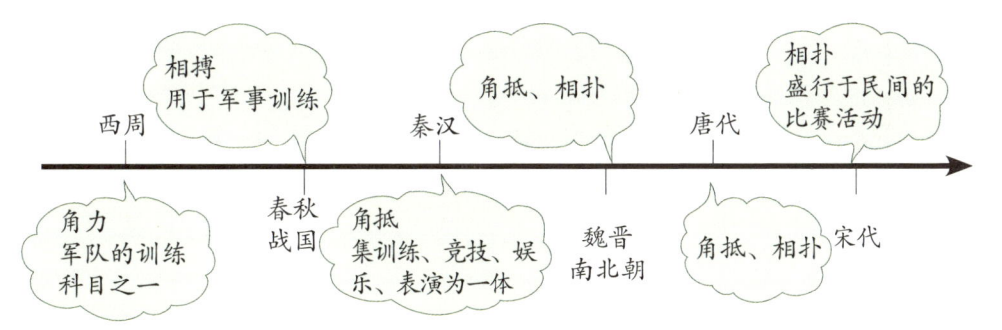

- 西周：相搏 用于军事训练
- 角力 军队的训练科目之一
- 春秋战国
- 秦汉：角抵、相扑
- 角抵 集训练、竞技、娱乐、表演为一体
- 魏晋南北朝
- 唐代：相扑 盛行于民间的比赛活动
- 角抵、相扑
- 宋代

从更多的出土文物看，中国秦汉时期的角抵同日本现在流行的相扑很相似。

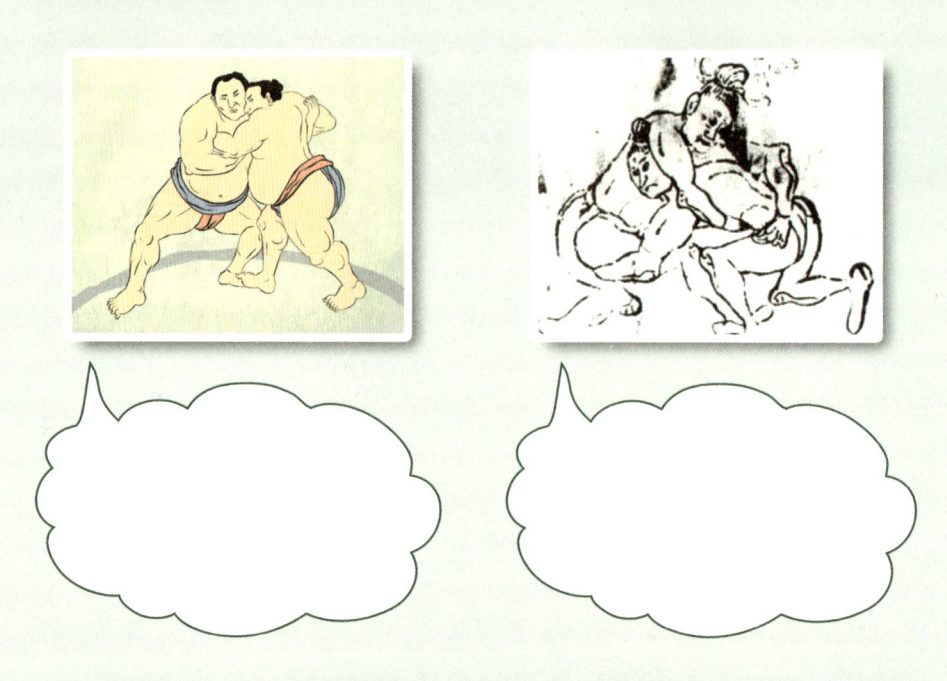

看图说一说，哪个是中国秦汉时期的角抵运动，哪个是日本的相扑运动？二者相同的地方是什么？

_____

_____

_____

_____

_____

知 行

唐代时角抵、相扑运动非常兴盛。据记载，唐穆宗曾经到左神策军中看了一天的角抵，非常喜欢，自此每隔三天便到左神策军中看角抵。唐代宫廷还出现了专门表演角抵、相扑的"相扑朋"组织。北宋时期，相扑运动比唐代还要兴盛。宫廷御用的相扑手一般都是皇帝卫队中的军士。在正月十五上元节，甚至出现过女性相扑的比赛。民间的相扑比赛多在名叫"瓦舍"的场所进行，并且已经有了正式的比赛规则，叫作"社条"。

以北宋的宋江起义为背景的《水浒传》中就有关于相扑的描写。你能从《水浒传》中的哪个章节看到这项运动的描写呢？试着找一找，写在下面吧！

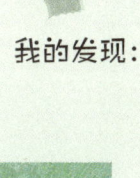

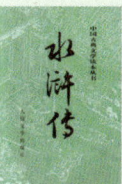

我的发现：

敦煌莫高窟中也保留了大量与运动有关的壁画资料，尽管这些运动在规则和规模上与现代体育运动有较大差距，但敦煌壁画中描绘的包括射箭、相扑等在内的20余项体育运动，在宋代之前已成为中国人经常性的竞技活动了。

宋代时流行的体育运动有哪些？

厚 德

中国和日本在历史上都有相扑运动。绿釉相扑男俑这件文物展示了宋代相扑手的形象与着装。观察一下，你觉得文物上展现的和现在的日本相扑运动有着哪些相同之处和不同之处？

那么，日本的相扑运动是从中国传过去的吗？据《日本书纪》记载，公元 5 世纪的时候，在日本允恭天皇的葬礼上，中国使者曾表演"素舞"，这种"素舞"便是古代的相扑运动。

"素舞"表演之前，裁判焚香祭祀。表演者赤裸上身，腰间围有兜裤。表演者登台后，喝"神水"以示祭祀，之后两名表演者开始徒手搏斗。这与日本的相扑运动十分相似。

我的收获和想法：_____

_____

_____

_____

中国古代的体育运动一般都会蕴含着中国人的政治理想、道德观念、行为准则、教育理念及思维方式等，它以自己独特的方式影响了世界。优秀的古老文化跨越文化与语言的障碍，在不同文化间进行交流才是真正的传承。你还能找到哪些源自中国、已在其他国家流行的体育项目？不妨向周围的人们介绍一下，做个文化传承的小使者。

（马克姗）

我的研学评价

通过这次研学，大家一定都有不少收获，那么你的研学效果如何呢？快来给自己一个评价吧！也要邀请爸爸妈妈为你评价哟！

优秀 ■　　　良好 ■　　　还需努力 ■

数字表示出行的次数，例如：第一次就在 1.□ 处涂相应的颜色。

评价项目	整理行李	保管物品	专注学习
标准说明	优秀：独立整理行装，并且物品齐备，箱内整齐。 良好：和爸爸妈妈一起整理行装，知道每一样东西放置的具体位置。 还需努力：不会自己整理行装，家里有人帮忙做。	优秀：熟悉自己所携带的物品，没有遗失物品。 良好：不太清楚自己携带的物品，偶尔遗失，需要家长提醒。 还需努力：经常丢三落四，遗失物品。	优秀：认真听讲解，有创意地完成学习任务。 良好：认真听讲解，完成了大部分学习任务。 还需努力：听讲解时总溜号，未能完成学习任务。
自我评价	1.□ 2.□ 3.□ 4.□	1.□ 2.□ 3.□ 4.□	1.□ 2.□ 3.□ 4.□
家长评定	1.□ 2.□ 3.□ 4.□	1.□ 2.□ 3.□ 4.□	1.□ 2.□ 3.□ 4.□